PATELIN,

COMÉDIE DU QUINZIÈME SIÈCLE

RAMENÉE A LA LANGUE DU DIX-NEUVIÈME,

PAR

CHARLES DES GUERROIS.

PARIS.

LEDOYEN, PALAIS-ROYAL, GALERIE D'ORLÉANS.

HULZ ET THUILLIÉ, LIB.es-COMM.rer, QUAI DES AUGUSTINS, 7.

1855.

PATELIN.

PATELIN,

COMÉDIE DU QUINZIÈME SIÈCLE

RAMENÉE A LA LANGUE DU DIX-NEUVIÈME,

PAR

CHARLES DES GUERROIS.

———•◦•———

PARIS.

LEDOYEN, PALAIS-ROYAL, GALERIE D'ORLÉANS.
SCHULZ ET THUILLIÉ, LIBres-COMMres, QUAI DES AUGUSTINS, 7.

—

1855.

TROYES, IMP BOUQUOT

PRÉFACE.

Je me rappelle que quand j'étais au collège, on nous donnait, à nous autres écoliers condamnés à multiplier les sottes idées d'un professeur idiot, du Montaigne à mettre *en bon français,* et je n'avais pas assez de sarcasmes contre le pédant qui commettait cet attentat à la prose la plus savoureuse qui fut jamais. On comprend donc que ce n'est pas une tentative de ce genre que je viens faire ici. Je n'ai pas la prétention, comme le régent d'autrefois, de mettre *Patelin* en *bon français.* Je trouve, comme tous les gens de goût, que le français du quinzième siècle est excellent, car il a la franchise et la force; mais je trouve aussi qu'il est obscur. Quatre siècles, que de révolutions signifient ces deux mots : révolutions dans la langue, révolutions dans les mœurs, révolutions dans l'ensemble et dans les particularités de la vie sociale, ré-

volutions dans tous ces mille imperceptibles détails qu
composent la vie domestique, et qui vont, sous forme d
vocables, de tours de phrases, de locutions et de pro
verbes, s'infiltrer dans la langue usuelle et courante pou
lui imprimer ses traits les plus vifs, sa plus particulièr
physionomie! Si un contemporain de Villon, de Pierr
Blanchet et de Jacques de la Sale se trouvait tout d'u
coup, par la baguette de quelque Merlin, transporté en u
salon du boulevard de la Madeleine ou de la rue Neuve
des-Capucines, ou en plein bal de l'Opéra, ou à la Bourse
quel vertige le prendrait! Qu'il se reconnaîtrait peu dan
ces mœurs nouvelles et singulières. C'est là cependant u
peu l'impression que nous ressentons quand nous abordor
Patelin, le *Patelin* du quinzième siècle, et que nous er
tendons résonner à nos oreilles, en tombant comme grêl
ce flot de paroles de l'ancien temps, de vieux proverbe
de plaisanteries salées, de goguenarderies impitoyabl
que le rusé avocat et sa femme et commère Guillèmett
digne élève de ce maître, font jaillir de leurs lèvres, so
que le poète les mette en présence l'un de l'autre, so
qu'il s'agisse d'accabler sous un stratagème bien inven
et mieux soutenu encore, l'infortuné drapier Guillaum
Josseaume, type et prédécesseur immortel de M. D
manche.

Combien de gens, qui ne connaissent le chef-d'œuvre que par l'imitation absurdement traîtresse de Brueys, auraient plaisir à ce vrai et *genuine* Patelin!

A ceux-là, aux gens de bonne volonté, facilitons l'accès de ce joyau de notre quinzième siècle, si cher à Rabelais, à Marot, à La Fontaine apparemment, et qui n'a pas été inutile à Molière. Il s'agissait de donner à ces vers, naïvement excellents, à ces vers jaillis de source et qui sont encore brillants de leur santé et de leur force comique, une forme qui les rendît moins inaccessibles à l'intelligence du lecteur ordinaire : tout le monde n'est pas tenu d'avoir lu le *Roman du Renard*, Guillaume de Lorris, Jean de Meun, *les Quinze Joies de Mariage*, ni même Froissart et *le Petit Jehan de Saintré*. En ce dix-neuvième siècle, où la vie semble avoir pris à la vapeur son ardeur enflammée, au fluide électrique sa rapidité dévorante, beaucoup de gens très-épris de l'étude et très-intelligents n'ont pas plus le temps d'étudier l'ancien français que le sanscrit, le chinois ou le gaélique. Une intention puérilement sacrilège de restauration et d'amendement a si peu été la mienne, que j'avais eu tout d'abord et j'ai entretenu long-temps la pensée de joindre à ma version le texte même de *Patelin*, tel au moins que nous le connaissons; mais j'ai su dans l'intervalle, pendant les délais de la publication de mon travail, retardée par des circonstances indépendantes de ma volonté, j'ai su que M. Génin préparait une édition du chef-d'œuvre : et voilà qu'en effet son livre est venu rendre cette besogne inutile en nous la montrant faite et beaucoup mieux faite que je n'aurais pu la faire. Ceux qui sauront encore comprendre le texte original, pourront s'adresser à l'édition que vient de publier le savant spirituel que j'ai nommé, et je les y engage fort. Aux autres qui seraient en humeur de goûter l'excellente production du quinzième siècle comme ils sont en humeur de goûter Anacréon et Callimaque — en ne les comprenant pas — j'offre cet essai de reproduction sincère, ce calque aussi fidèle que je l'ai pu faire : je les convie aux reliefs du festin savoureux que promet le vieil écrivain. Que ceux-ci plaident auprès des autres en ma faveur et leur demandent de ne m'être pas trop sévères.

Cette version date déjà de trois ans et demi, et avait été entreprise, non sans quelque espoir ou du moins quelque vue de représentation au Théâtre-Français. — Cela ne s'est pu : le Théâtre-Français aime mieux jouer avec du satin, de la gaze et des paillettes, des proverbes à l'eau rose qui feraient croire que notre langue a retrouvé le secret des *Précieuses* de Molière s'il avait jamais été perdu; le Théâtre-Français — où pourtant sont nés *le Médecin malgré lui* et *le Malade imaginaire*, préfère la prose et les inventions du génie de Brueys. Laissons, puisque cela l'arrange, la Comédie-Française faire couler, comme l'eau tiède, le patois sentimental de ce Brueys, si cher à des oreilles bourgeoises, et lisons *le Patelin* dans sa franchise originelle, ou, si nous ne pouvons l'aborder directement, lisons-le dans une version qui se rapproche le plus possible du texte primitif.

Si quelques personnes bienveillantes voulaient bien s'occuper de rechercher comment le présent travail peut se rattacher à l'ensemble de mes ouvrages — plutôt inspirés par la recherche ardente de l'idéal — et que la question valût la peine d'être examinée, voici en deux mots la réponse que j'y ferais :

Notre littérature, à force de raffinements, de fantaisies, de fusées et d'étincelles, en est arrivée au dégoût le plus profond d'elle-même, si bien qu'à l'heure qu'il est on pourrait presque dire que le plus grand homme dans les lettres est celui qui se tait — avec la force de produire.

Nous avons besoin, plus que jamais besoin de revenir aux sources premières de l'inspiration purement française; il faut revenir à la franchise du trait, à la liberté du langage, fût-elle même un peu brutale, fût-elle même un peu cynique : il vient une heure où telle phrase de Panurge,

de Villon et de Frère Jean des Entomeures, vaut mieu
que tout le Vigny et le Lamartine de la terre. Nos vieil
lesses et nos amollissements misérables ont besoin d'u
peu de rajeunissement et de fraîcheur.

Cette pensée est celle qui m'a inspiré.

Je rappelle l'attention d'un plus grand nombre, s'il s
peut, sur ce *Patelin*, qui est si bien *notre Patelin*. Cett
fraîcheur dont nous parlions, *Patelin* en effet nous la peu
rendre, non pas à coup-sûr la fraîcheur du sens mora
ce spirituel frère des Villon et des Franc-Gontier, avec se
filouteries ingénieuses, nous peut faire apprécier ce qu'é
tait déjà, sous ce rapport, le bon vieux temps, que nou
entrevoyons parfois, à travers nos illusions, comme u
âge d'argent. *Patelin* est immoral, il faut bien en conve
nir ; mais cette immoralité n'est pas plus dangereuse che
lui que le libertinage ne l'est chez La Fontaine : chez l
poète du quinzième siècle, comme chez le conteur du di
septième, l'immoralité et le libertinage ont une telle na
veté d'allures, ils se donnent si bien pour ce qu'ils son
qu'ils perdent tout le danger que pourrait leur donner l
moderne raffinement. L'esprit le plus susceptible peut s
rassurer de ce côté, et, ce scrupule écarté, goûter en tou
sûreté de conscience cette saveur de naturel et de verdeu
ce quelque chose de jeune et de franc qui nous ravit comm

une ligne de Guy-Patin nous ravirait après une séance à l'hôtel de Rambouillet, comme une historiette de Talle-mant des Réaux après une enfilade de rondeaux et de son-nets de Voiture ou de Godeau.

Patelin, qu'on veut bien appeler *une farce*, est tout sim-plement une œuvre de génie, le produit d'une observation sincère, mise en œuvre sans la moindre dose de sentimen-talité, sans le plus petit mélange d'abstraction de quintes-sence. Patelin nous dira comment nos aïeux du quinzième siècle entendaient la comédie, l'observation et le style : nous pouvons puiser là, tous tant que nous sommes, une bonne leçon.

Telle est, réduite à sa plus simple expression, la pensée qui m'a inspiré. J'ai voulu, en un temps de prodigieux oubli du naturel, à une époque de bégaiement intellectuel qui ramène à l'enfance par l'extrême vieillesse, choisir cette œuvre de franche saveur pour l'offrir à nos contem-porains, non pas comme une diversion à des désirs blasés, mais comme un rappel salutaire à des qualités que nous ne pratiquons plus et que nous semblons avoir oubliées, sauf à certains jours où nous les mélangeons de nos rêves, de nos caprices et de nos extravagances. Encore un mot si on le veut bien : me sera-t-il permis de faire humble-ment observer ici que la présente tentative, quelles que

puissent être les apparences, n'est point en absolu désac-
cord avec ma poésie qui, dans des cadres volontairemen[t]
choisis et rétrécis, professe un absolu dédain du mensonge
et se préoccupe de la vérité telle que la peut révéler l'observation de la nature et du cœur, et conciliée ave[c]
l'idéal ?

15 janvier 1855.

PIERRE PATELIN,

COMÉDIE EN UN ACTE.

PERSONNAGES.

Maître Pierre PATELIN.
GUILLEMETTE, sa femme.
GUILLAUME, marchand-drapier.
Thibaut AGNELET, berger.
Le Juge.

(Le théâtre représente deux maisons en regard. sur une place, la maison de Patelin, et la boutique du drapier. La scène est tantôt à l'étalage du drapier, tantôt chez Patelin, dont la maison s'ouvre au regard du spectateur.)

SCÈNE Ire.

PATELIN, GUILLEMETTE.

PATELIN.

Par tous les saints, ma Guillemette,
Pour quelque peine que je mette
Tant à fourber qu'à rêvasser,
Nous ne pouvons rien amasser;
Et si peux vivre, c'est grâce
A ma langue, dont j'avocasse.

GUILLEMETTE.

Par Notre-Dame! j'y pensais,
Et voyez donc le beau succès!
Il fait bruit, cet avocassage;
Mais on ne vous tient pas si sage
De quatre parts comme autrefois;
J'ai vu que chacun faisait choix
De vous pour gagner sa querelle;
Maintenant, chacun vous appelle
L'avocat sous l'orme, et partout.

PATELIN.

Je ne le dirai pas du tout
Pour me vanter : au territoire
Qui limite notre auditoire,
Hors le maire, je n'ai pas vent
Qu'on me passe comme savant.

GUILLEMETTE.

Aussi bien il lit le grimoire,
Monsieur le maire, et se fait gloire
De chicane apprise long-temps.

PATELIN.

Me direz-vous, en peu d'instants,
Cause dont on ne fût le maître,
Pourvu que l'on voulût s'y mettre?
Et pourtant, je n'appris jamais

Que bien peu sous les docteurs ; mais ·
Je m'oserai vanter qu'au livre
Avec le prêtre je peux suivre,
Et comme lui je peux chanter ;
On croirait que j'ai dû rester
Sous le maître autant qu'en Espagne
A la guerre fut Charlemagne.

GUILLEMETTE.

Où cela mène-t-il, enfin,
Si ce n'est à mourir de faim?
J'aime mieux un soulier solide. ·
Voyez comme d'un train rapide
Nos robes s'en vont nous quittant,
Non sans faire piteuse mine
Sur nos épaules, et passant
A l'état de simple étamine.
Et ma foi, je ne peux savoir
Comment nous en pourrions avoir
De neuves, par votre science.

PATELIN.

Taisez-vous, par ma conscience.
Mon sens, s'il le faut éprouver,
Saura bien où vous retrouver
Robes et chaperons encore ;
Et s'il plaît à Dieu que j'honore,
De ce pas nous échapperons,

Sur nos bêtes remonterons,
Et nous ferons à la bonne heure
Rire la fortune meilleure.
Dieu fait belle œuvre en peu de temps :
S'il faut travailler les clients
Cherchez mon pareil, je vous prie.

GUILLEMETTE.

Oui, il s'agit de tromperie,
On vous connaît maître passé.

PATELIN.

Non pardieu, si je suis rusé,
C'est en droite avocasserie.

GUILLEMETTE.

Oh! oui vraiment, en tromperie,
C'est dit. M'est avis cependant,
Que fort peu clerc et peu savant,
Par le sens naturel vous êtes
Tenu l'une des sages têtes
Que nous ayons en ce lieu-ci.

PATELIN.

Qu'on me trouve, ailleurs, comme ici,
Mon maître, je vous en défie.

GUILLEMETTE.

Oui, s'il s'agit de tromperie,

Vous aurez le prix en cet art.

PATELIN.

Bon pour ces vêtus de brocard,
Avocats, dit-on : je le nie,
Laissons-là cette menterie.
A la foire allons-nous couler.

GUILLEMETTE.

A la foire !

PATELIN.

        J'y veux aller,
Par saint Jean ! La belle marchande,
Vous déplaît-il que je marchande
De bon drap, ou tout autre objet ?
D'en enrichir notre ménage
Où le temps a fait grand dommage
Ne peut-on avoir le projet ?
Il n'est ici robe qui vaille.

GUILLEMETTE.

Mais vous n'avez ni sou ni maille,
Que ferez-vous ?

PATELIN.

        Vous ne savez,
Ni moi. Si pourtant vous n'avez
Du drap pour deux en abondance,

Dénoncez-moi pour impudence ;
Criez tout haut, et hardiment,
Dites que votre mari ment.
Quelle couleur est la plus belle,
D'un gris-vert? d'un drap de Bruxelle,
Ou d'autre? Il me le faut savoir.

GUILLEMETTE.

Celui que vous pourrez avoir.
Un emprunteur ne choisit mie.

PATELIN. *(Il compte sur ses doigts.)*

Pour vous deux aunes et demie,
Et pour moi trois...... quatre, mettons,
Ça fait en somme.....

GUILLEMETTE.

    Nous comptons
Tout à notre aise, sans rabattre :
Mais prenez trois aunes ou quatre,
Qui diable vous les prêtera ?

PATELIN.

Et que vous fait qui ce sera?
Eh bien ! ma foi, qu'on me les prête,
De mon côté moi je m'apprête
A rendre au jour du jugement,
Et vous entendez bien comment,
J'entends point du tout.

GUILLEMETTE.

                    Laissez faire.
Avant ce temps, quelque compère,
Quelque sot en sera couvert.

PATELIN.

Je prendrai du gris ou du vert.
Pour faire un pourpoint, Guillemette,
Je veux trois quartiers de brunette,
Ou l'aune.

GUILLEMETTE.

              Me protège Dieu,
N'oubliez pas de boire un peu,
Si Martin garant vous patrone.

PATELIN.

Gardez tout.

GUILLEMETTE.

              Vous la donnez bonne.
Et quel sera ce beau marchand
Qu'ainsi vous irez accrochant?
Plût donc à Dieu qu'il n'y vît goutte !

(Patelin laisse Guillemette qui rentre chez elle, et, traversant la scène,
s'approche de la boutique du drapier qui est de l'autre côté.)

SCÈNE II.

PATELIN, *puis le drapier*.

PATELIN.

Ce doit être ici ; point de doute :
A l'enseigne on peut se fier :
Guillaume Josseaume, drapier.
C'est cela, par sainte Marie,
Il se mêle de draperie.

(Elevant la voix)

Dieu soit avec vous !

GUILLAUME, *paraissant*.

En gaîté

Vous maintienne sa volonté.

PATELIN.

Que Dieu m'en soit témoin, j'arrive,
Et de vous voir ma joie est vive.
J'en avais grande volonté.
Comment se porte la santé ?
Toujours sain et gaillard, Guillaume ?

GUILLAUME.

Oui, pardieu.

PATELIN.

Donnez cette paume,

Comment vous va ?

(Il lui prend la main.)

GUILLAUME.

Bien, mon ami ;
S'il faut vous servir, je vous jure
Qu'on n'en fera point à demi.

PATELIN.

C'est de quoi très-bien je m'assure !

GUILLAUME.

Et vous ?

PATELIN.

Par saint Pierre, vraiment
Cela va très-gaillardement,
Et je suis à votre service.
Ainsi vous faites votre office ?

GUILLAUME.

Oui, mais marchands, vous pensez bien,
Ne sont pas sans souci de rien.
Tout ne va toujours à leur guise.

PATELIN.

Comment se porte marchandise ?
Donne-t-elle de quoi manger,
Et boire, et de quoi se loger ?

GUILLAUME.

Hum !... En avant ! on suit la chance !

PATELIN.

Mon Dieu ! quel homme de science
Fut votre père, et quel regret
En mon cœur survit en secret !
Qu'enfin Dieu veuille avoir son âme,
Le digne homme ! Par Notre-Dame,
Il m'est avis bien clairement
Que je le vois en ce moment.
C'était un marchand bon et sage,
Vous lui ressemblez de visage,
Si bien qu'on dirait son portrait :
Oh ! mais c'est frappant, trait pour trait.
Si jamais à sa créature
Dieu voulut remettre l'injure,
A braves gens s'il fit merci,
Qu'il ait pardon pour celui-ci ;
De l'éternel salut qu'il fasse
Don à son âme.

GUILLAUME.

       Et que sa grâce
Soit sur nous quand il lui plaira.

PATELIN.

Le digne homme me déclara
Maintes fois en parole claire
Le temps que nous voyons se faire ;

Maintes fois m'en suis souvenu,
Car alors il était tenu
L'un des bons.....

GUILLAUME.

                Seyez-vous, messire ;
Il est bien temps de vous le dire,
Mais je suis ainsi gracieux.

PATELIN.

Oh ! par le Corps très-précieux,
Je suis fort bien. Il avait l'âme.....

GUILLAUME.

Fort bien, mais d'abord je réclame,
Et dis que vous vous asseoirez.

PATELIN.

Volontiers. Oh ! que vous verrez
Qu'il me dit de grandes merveilles !
Comme il est un Dieu, des oreilles,
Du nez, de la bouche et des yeux
Jamais fils ne ressembla mieux
A son père, et jamais image
Ne rendit si bien un visage.
Voilà bien ce menton doublé :
Jamais on n'a mieux ressemblé.
Et qui dirait à votre mère
Qu'autre que lui fut votre père

Aurait grand' faim de reprocher.
Mais j'ai peine à me figurer
Comment Nature en ses ouvrages
A fait deux si pareils visages,
Et l'un comme l'autre taché.
Quand un même artiste eût cherché
Dans un moule deux exemplaires,
Les ressemblances moins sincères
Se trouveraient entre les deux :
Même regard aux mêmes yeux,
Je cherche enfin la différence.
Or, monsieur, la bonne Laurence
Votre tante, vit-elle encor?

GUILLAUME.

Oui vraiment, jusqu'ici la mort
L'épargne.

PATELIN.

         Que je la vis belle,
Et quelle grâce était en elle !
Et quel beau port majestueux !
Par Dieu, par son sang précieux,
Vous lui ressemblez de corsage
Comme au modèle son image,
Et vainement on chercherait
Au pays plus vivant portrait.
Plus je vous vois, par Dieu le Père,

Plus je me dis : C'est tout son père.
En nulle famille on n'aurait
Telle ressemblance de trait :
Vous vous ressemblez mieux que goutte
D'eau, la chose est sans aucun doute.
Quel vaillant bachelier c'était,
Et bon prud'homme, et qui prêtait
Ses deniers d'une main ouverte,
Sans calculer ni gain ni perte,
A qui voulait de son argent !
Comme on le voyait, point changeant,
De bon cœur toujours vous sourire !
On y gagnerait si le pire
De ce monde lui ressemblait,
Si l'un l'autre on ne se volait,
Chose que l'usage autorise.
Voilà du drap comme on le prise.
Mon Dieu ! qu'il est doux et moelleux !

GUILLAUME.

Il est fait comme je le veux,
Exprès, des laines de mes bêtes.

PATELIN.

Hum ! hum ! quel ménager vous êtes,
Et qui du tout ne démentez
L'origine dont vous sortez !
Point vous ne savez la paresse,

Et votre corps peine sans cesse,
Toujours on vous voit besoigner.

GUILLAUME.

Que voulez-vous? Il faut soigner
Sa chose, sans craindre la peine.

PATELIN.

Ce drap serait-il pure laine?
Il est fort comme un cordouan.

GUILLAUME.

C'est un très-bon drap de Rouen,
Bon usé, fière résistance!

PATELIN.

Me voilà pris sans que j'y pense.
Je n'avais nulle intention
D'acheter, par la Passion
Qu'a notre Seigneur endurée;
Je n'avais point du tout l'idée
A votre drap, lorsque je vins.
J'avais mis à part quatre-vingts
Ecus pour retrait d'une rente;
Mais vous en aurez vingt ou trente,
Je le vois bien, car la couleur
M'en plaît si fort que c'est douleur.

GUILLAUME.

Mais comment se pourrait-il faire

Que ceux dont vous devez retraire
Là rente prissent votre argent ?
Quel titre ainsi va s'échangeant ?

PATELIN.

La chose point ne m'embarrasse,
Je suis aussi de bonne race,
Et fais volontiers un paiement.
Quel drap est celui-là ? Vraiment
Plus je le vois, plus je m'affole ;
J'en veux un habit, ma parole,
Et pour ma femme, un autre aussi.

GUILLAUME.

Il est fort cher, ce beau drap-ci ;
En quel beau vert on l'a fait teindre !
Tout le monde n'y peut atteindre ;
Vous en aurez si vous voulez :
Dix ou vingt francs y sont coulés
En un clin d'œil.

PATELIN.

    Vaille que vaille !
Encore ai-je deniers et maille :
On trouvera quelques écus ,
Que les anciens n'ont pas connus :
Ils n'ont vu ni père ni mère.

GUILLAUME.

Dieu soit loué ! Par le saint Père,
A ce petit magot secret
Prendre part ne me déplairait.

PATELIN.

Bief, de ce beau drap je m'affole,
Et j'en aurai, sur ma parole.

GUILLAUME.

Maître, la chose est bel et bien ;
Mais il faut décider combien
Vous en voulez, et je vous jure
Qu'à l'instant même je mesure ;
Vous me voyez entièrement
A votre bon commandement
Pour jusqu'à la fin de la pile,
Et n'eussiez-vous ni croix ni pile.

PATELIN.

Je le sais bien, et grand merci.

GUILLAUME.

Vous voulez de ce vert clair-ci ?

PATELIN.

Mais, tout d'abord, il faut connaître
Le prix, ainsi parlez donc, maître.

Dieu sera, comme de raison,
Payé des premiers : ne faison
Rien où d'abord Dieu ne se nomme.
Prenez ce denier.

GUILLAUME.

Un bonhomme
Êtes-vous, j'en suis réjoui.
Voulez-vous une parole?

PATELIN.

Oui.

GUILLAUME.

Il faut que chaque aune se paie
Juste vingt-quatre sous.

PATELIN.

Aïe! aïe!
Sainte Vierge! vingt-quatre sous!
Non, non!

GUILLAUME.

Il nous le coûte, à nous.
Je n'y gagne pas une obole,
Vous pouvez croire à ma parole.
Donc, rien à moins, si vous l'avez.

PATELIN.

Oh! c'est trop cher.

GUILLAUME.

Vous ne savez
De combien la laine est plus chère ;
Pendant la froidure dernière
Mainte et mainte bête a péri,
Et le drap est bien renchéri.

PATELIN.

Vingt sous, vingt sous, l'époque est dure
Aussi pour nous.

GUILLAUME.

Et je vous jure
Que j'en aurai ce que j'ai dit.
Ou bien attendez samedi,
Si vous êtes en défiance
Quand on vous parle en conscience,
Pour voir ce que vaut la toison
Qui jadis venait à foison.
Il fallut à la Madeleine
Payer huit blancs, pas moins, la laine
Qu'on payait quatre auparavant.

PATELIN.

Parbleu, sans plus fouetter le vent
Avec la langue, et sans demeure,
J'achète, aunez-moi tout-à-l'heure.

GUILLAUME.

Combien en voulez-vous avoir?

PATELIN.

Il est aisé de le savoir :
Nous avons quel lé?

GUILLAUME.

De Bruxelle.

PATELIN.

Pour moi trois aunes, et pour elle,
Taille forte, corps assez haut,
Deux et demie est-ce qu'il faut ;
En tout, six aunes, non que dis-je?
Ma foi je suis sot à prodige.

GUILLAUME.

La demi-aune, en s'ajoutant,
Nous fait les six, tout justement.

PATELIN.

Ma foi, je crois qu'il vaut mieux faire
Tout simplement le compte rond;
D'ailleurs, je veux un chaperon.

GUILLAUME.

Je vais vous donner votre affaire :

Mesurant avec son aune)

Une, deux, trois, quatre, cinq, six.

PATELIN.

Allez donc, et d'un doigt précis
Guidez le ciseau qui mesure

GUILLAUME.

Faut-il qu'à deux fois je m'assure,
Et que j'aune encore au rebours?

PATELIN.

On perd le temps à ces détours.
A la chance plus ou moins belle!
Jusqu'où la somme monte-t-elle?

GUILLAUME.

Nous allons tantôt le savoir.
Le compte est clair, vous allez voir :
A vingt-quatre sous pour chacune,
Six aunes, c'est neuf francs.

PATELIN.

Pour une
Un écu, pour six, six écus.

GUILLAUME.

C'est exact, on ne saurait plus.

PATELIN.

Voulez-vous avoir confiance,
Monsieur, je veux dire obligeance?
Chez moi tantôt quand vous viendrez,

Sans remise vous les prendrez.
Vous direz votre fantaisie :
Selon que vous l'aurez choisie,
Sera votre monnaie, ou l'or,
Ou l'argent, s'il vous plaît encor
Davantage.

GUILLAUME.

C'est grand dommage,
Vous n'êtes point sur mon passage,
Je me détourne, allant par là.

PATELIN.

Oh ! le beau danger que voilà !
Voyons, nous sommes une paire
De bons amis, voulez-vous faire
Un tel outrage à ma maison ?
A mon vin, dans l'occasion
Jamais ne vous verrai-je boire
Un verre ou deux ? Mais je veux croire
Que vous y viendrez cette fois.

GUILLAUME.

Et par saint Jacques ! je me vois
N'ayant de travail que de boire.
Mais il est peu sage de croire
A l'écu promis qui viendra.....
Et l'étrenne !...

PATELIN.

On vous donnera
De bon or, non de la monnoie?
Et vous mangerez de mon oie
Qui sur l'heure rôtit chez nous.

GUILLAUME.

Vraiment cet homme fait de vous
Tout ce qu'il veut. Je vais vous suivre,
Allez devant, et je vous livre
Ce drap que je m'en vais porter.

PATELIN.

Pas du tout, je veux l'emporter :
Quel poids fait-il sous mon aisselle?
Cette charge paraîtra-t-elle
Seulement?

GUILLAUME.

Non, il sera mieux
Que je le porte, et je le veux,
La chose sera plus honnête.

PATELIN.

Vous vous moquez, méchante fête
Me puisse tantôt advenir,
Si j'ai le cœur de le souffrir.
C'est très-bien pensé : sous l'aisselle
Cela va me faire une belle

Bosse; marchons, c'est entendu.
Chez nous, ce soir, il sera bu
Plus d'un flacon, et non du pire.
Je veux qu'on nous entende rire
Avant que vous vous en alliez.

GUILLAUME.

J'aurai, point vous ne l'oubliez,
Mon argent tout dès mon entrée.

PATELIN.

Tenez ma promesse sacrée.
Vous l'aurez.... Vous ne l'aurez pas
Que n'ayez pris votre repas ;
Et j'aurais, ma foi, grande peine,
Si d'argent ma poche était pleine,
Dont ici même vous payer.
Au moins vous viendrez essayer
Quel vin je bois. Votre feu père
En passant criait haut : Compère,
Que dis-tu, là-bas, que fais-tu ?
Mais vous ne prisez un félu
Vous autres riches, pauvres hommes.

GUILLAUME.

Nous autres riches ! Mais nous sommes
Les plus pauvres.

PATELIN.

Eh bien ! adieu,

Je vais vous attendre audit lieu.

Nous boirons un bon coup, j'espère.

CUILLAUME.

Allez, je vous suis par derrière.

J'attends de l'or.

PATELIN.

Vous en aurez,

Et tout du meilleur, vous verrez.

Jamais de ma bourse ne tire

Autre chose.

(Guillaume rentre chez lui.)

A mon tour de rire.

De l'or! Je veux être pendu

Si tu vois de mon escarcelle

Sortir ni lingot ni parcelle.

Mon beau sire, tu m'as vendu

Avec tromperie et finesse,

Beaucoup moins à mon mot qu'au tien,

A présent, je te paie au mien :

Tu veux de l'or, et qu'on s'empresse :

Attends-moi. S'il pouvait courir

Sans cesse ou repos, le bonhomme,

Jusqu'à plein paiement de la somme,

Par saint Jean, avant de finir,

Il laisserait loin Pampelune.

(Au moment ou Patelin qui a marché tout en parlant, rentre chez l
Guillaume sort de son logis et se dirige vers la maison de l'avocat)

GUILLAUME.

Ils ne verront soleil ni lune,
Les écus qu'il me lâchera,
Tant qu'on ne me les volera,
Du moins. Que pour un bout d'année
Notre bourse s'en voie ornée.
Or, il n'est si fort entendeur
Qui ne trouve plus fort vendeur.
Ce trompeur est un fier béjeaune !
Prendre pour vingt-quatre sous l'aune
Du drap qui n'en valait pas vingt !

SCÈNE III.

(On aperçoit l'intérieur de la maison de Patelin.)

PATELIN, GUILLEMETTE.

PATELIN.

En ai-je ?

GUILLEMETTE.

Quoi donc ?

PATELIN.

Que devint
Votre vieille cotte mûrie ?

GUILLEMETTE.

Et pourquoi faire, je vous prie,
Me le demandez-vous ?

PATELIN.

Rien, rien.

En ai-je? (*Il étale son drap.*) Je le disais bien :
Est-ce là du drap?

GUILLEMETTE.

Notre-Dame!
Or, par le péril de mon âme,
D'où vient-il, et qui le paiera?

PATELIN.

Vous demandez qui ce sera?
Qui ce sera? — Belle demande!
Par monsieur saint Jean, qu'on me pende,
Et par le cou, s'il n'est payé!
Le marchand qui l'a déployé
N'en aura plus rien à prétendre :
C'est là sa manière de vendre.
Il est blanchi, l'homme.

GUILLEMETTE.

Combien
Coûte-t-il donc?

PATELIN.

Je n'en dois rien,
Il est payé, ne vous soucie.

GUILLEMETTE.

Votre bourse s'est donc grossie

Depuis tantôt, en devisant?
Vous n'aviez pas un sou vaillant.

PATELIN.

Pas un sou ! Vraiment si, madame,
Pas un sou vaillant ! je réclame,
J'avais un parisis.

GUILLEMETTE.

        Fort bien ;
Mais maintenant ne cachez rien ;
Comment cela s'est-il pu faire,
A moins que la main du notaire
Ou le billet n'ait passé là ?
Et quand le terme passera,
Recors seront à notre porte,
Il faudra voir qu'on nous emporte
Tout, et le logis dévasté.

PATELIN.

Doucement, ce drap n'a coûté
Qu'un denier, sans plus d'une obole :
Le tout s'entend.

GUILLEMETTE.

        Quelle parole !
Il ne se peut faire ; un denier !

PATELIN.

Qu'on puisse cet œil m'arracher,

S'il en eut, et s'il en attrape
Un sou de plus. Piège ni trappe
N'y feront rien, ni son beau chant.

GUILLEMETTE.

Quel nom a ce gentil marchand?

PATELIN.

Mon Dieu, c'est un nommé Guillaume,
Et que l'on surnomme Josseaume,
Puisque vous le voulez savoir.

—

GUILLEMETTE.

Mais la manière de l'avoir
Pour un denier, c'est le mystère,
Et vous ne devez point me taire
Comment vous fîtes votre jeu.

PATELIN.

En donnant un denier à Dieu.
Encore il suffisait de dire
La main sur le pot : *mon cher sire,*
Le denier me fût demeuré.
Donc, en somme, est-ce bien leurré?
Guillaume et Dieu, si bon leur semble
Partageront ce sol ensemble,
Car c'est tout ce qu'ils en auront.
Et qu'ils chantent tant qu'ils voudront,
Ils n'en auront pas davantage.

GUILLEMETTE.

Par quel chemin, par quel passage
L'avez-vous pu conduire là ?
Il ne donnerait pas cela,
Lui qu'on sait homme si rebelle.

PATELIN.

Oh ! par Notre-Dame la belle,
Je vous l'ai si bien retourné,
Qu'il me l'aurait presque donné.
Je lui disais que son feu père
Fut si brave homme : Ah ! fais-je, frère,
Que vous avez eu de bonheur,
Ayant des parents gens d'honneur !
Que vous eûtes bon parentage !
Vous êtes, fais-je, du lignage
En ces cantons plus à louer.
Puisse Dieu me désavouer
S'ils ne sont tous franche canaille,
Des vilains, enfin rien qui vaille.
Autant vaudrait vanter l'attrait
Du diable, ils en sont le portrait,
La lie enfin de ce royaume.
Ah ! fais-je, mon ami Guillaume,
C'est plaisir de vous rencontrer
(Ici la main, et de serrer)
Que vous ressemblez de visage

A feu votre père, homme sage,
Homme accompli ! Dieu sait comment
J'échafaude un propos charmant
Entrelardé de draperie.
Et puis, fais-je, sainte Marie,
Comme il prêtait humainement
Ce qu'il avait, l'homme excellent !
Et j'ajoute : C'est vous en somme,
Vous l'homme humain, le galant homme;
C'est lui, lui-même tout craché.
Toutefois on eût arraché
Cent fois les dents à ce sauvage,
Et cent fois au fils son image,
Avant que nul leur fît prêter
Ceci, ni qu'on en pût tirer
La moindre parole obligeante.
La langue de miel engageante
L'a pourtant si bien contenté
Que le vieux chien m'en a prêté
Six aunes.

GUILLEMETTE.

Mais à jamais rendre.

PATELIN.

Ainsi vous le devez entendre.
Rendre ! Il est payé, le maudit,
Et trop payé, je vous l'ai dit.
Il m'a pris mon denier.... au diable.

GUILLEMETTE.

Cela m'a rappelé la fable
Du corbeau qui perchait assis
Sur une croix de cinq ou six
Toises de haut, ou davantage.
Il tenait au bec un fromage ;
Sur les lieux arrive un renard
Qui voit la chose d'un regard,
Et sur le champ tout bas il pense :
Comment l'avoir ? — Et puis s'avance.
Le voilà là sous le corbeau :
Oh ! dit-il, que ton corps est beau,
Et ton chant plein de mélodie !
Et le corbeau, tête étourdie,
Fier d'entendre son chant vanter,
Vîte ouvre le bec pour chanter,
Et son fromage tombe à terre,
Et maître Renard vous le serre
Et vous l'emporte à belles dents.
Ainsi sera, si je l'entends,
De ce drap : par cajolerie,
Par beaux discours de flatterie
Bien adroits, vous l'aurez happé,
Vos doux propos l'ont attrapé ;
On s'est pris à votre langage,
Comme corbeau pour son fromage.

PATELIN.

Il doit venir tantôt chez nous,
Et compte boire un ou deux coups.
Or, voici ce qu'il nous faut faire.
Je suis certain qu'il viendra braire,
Sans plus de délai réclamant
Son argent. Voici le paiement
Qu'il faut lui donner : Je me couche,
Ayant la fièvre sur la bouche,
Et quand il viendra, vous direz :
Ah! parlez bas! vous gémirez,
Vous prendrez un visage fade,
Et vous direz : il est malade
Voilà six semaines, deux mois,
Sans sortir une seule fois.
Et s'il vous répond : Menterie!
Voyez la fausse tromperie,
Il sort d'avec moi dans l'instant;
Hélas! ferez-vous, maintenant
Ce n'est pas en ces fariboles
Qu'il faut dépenser les paroles;
Puis faites-le-moi bien aller,
Et doux, tout doucement filer.
J'entends qu'il n'en ait autre chose.

GUILLEMETTE.

J'y mettrai ma meilleure dose

De malice : en un tour de main
Je lui fais rebrousser chemin.
Mais vous, aux mains de la Justice
Si vous menait votre malice,
Il pourrait vous en cuire fort,
Du double, et plus du double encor
Que l'autre fois.

PATELIN.

Paix ! qu'on se taise.
A l'œuvre, ne vous en déplaise.

GUILLEMETTE.

Souvenez-vous du samedi
Qu'illustra votre pilori.
Sur vous, pour votre tromperie
Ce fut un cri.

PATELIN.

Bavarderie!
Mettez-moi-là tous ces propos,
Et laissez clabauder les sots.
Ayons attention à l'heure,
Il faut que ce drap nous demeure.
Je vais me coucher.

GUILLEMETTE.

Bien, allez.

PATELIN.

De rire surtout vous gardez.

GUILLEMETTE.

Je veux pleurer à chaudes larmes.

PATELIN.

Il nous faut bien fourbir nos armes.
Qu'il ne devine rien du tout.

SCÈNE IV.

(Le drapier Guillaume sortant de chez lui, sur le devant de sa boutique.)

GUILLAUME.

Il est temps que je boive un coup,
Et tantôt mettons-nous en route.
Qu'est-ce que je dis? Non sans doute,
Je ne mangerai ni boirai,
Puisque tantôt je mangerai,
La chose est dite et convenue,
De l'oie, et grasse, et bien dodue,
Chez maître Pierre Patelin.
Et de plus, par saint Mathelin,
J'y toucherai quelque pécune.
C'est bon, je vous happe une prune
Au moins, sans bourse délier.
Ne nous laissons pas oublier,

On ne vend plus rien à cette heure.

(Il traverse la scène.)

Notre homme ici fait sa demeure.
Ho ! maître Pierre, êtes-vous là !
Holà ! quelqu'un ; quelqu'un, holà !
Paraîtra-t-il ?

GUILLEMETTE.

Hélas ! messire,
Pour ce que vous auriez à dire
Parlez bas, s'il vous plaît, tout bas.

GUILLAUME.

Dieu vous garde, madame.

GUILLEMETTE.

Hélas !
Monsieur, vous ne m'écoutez guère,
Plus bas.

GUILLAUME.

Quoi donc ?

GUILLEMETTE.

Veuillez vous taire.

GUILLAUME.

Où donc est-il ?

GUILLEMETTE.

Où voulez-vous
Qu'il soit ?

GUILLAUME.

Mais qui?

GUILLEMETTE.

Bien, raillez-nous
Maintenant. Ah! c'est mal, mon maître,
Mon Dieu! mais où pourrait-il être?
Dieu le sait, le pauvre martyr!
Onze semaines sans sortir....

GUILLAUME.

Qui donc?

GUILLEMETTF.

Pardonnez-moi, je n'ose
Parler haut, je crois qu'il repose.
Un peu de sommeil l'a calmé,
Au mal il succombe assommé.
Le pauvre homme!

GUILLAUME.

Qui?

GUILLEMETTE.

Maître Pierre.

GUILLAUME.

A l'autre! Il m'achetait, ma chère,
Six aunes de drap dans l'instant.

GUILLEMETTE.

Qui, lui?

GUILLAUME.

Lui-même, maintenant,
Pas plus loin qu'un demi-quart d'heure.
Il n'est pas temps que je demeure,
Voyons, mon argent, je l'attends.

GUILLEMETTE.

De plaisanter il n'est pas temps;
Çà, gardons-nous de raillerie.

GUILLAUME.

Çà, mon argent, pas de folie.
Il me faut neuf francs.

GUILLEMETTE.

A quel jeu
Vous livrez-vous?

GUILLAUME.

Moi? Je ris peu.

GUILLEMETTE.

Allons, Guillaume, faisons trève
A tout cela qui n'est que rêve;
Gardez vos étranges propos,
Et nous laissez, maître, en repos.
Allez régaler de sornettes

Vos ingénus, vos sots, vos bêtes,
Ceux qui se laisseront jouer.

GUILLAUME

Je puisse Dieu désavouer
S'il ne m'est dû neuf francs.

GUILLEMETTE.

Ah ! sire,
Nous n'avons pas si faim de rire
Que vous, pas si soif de railler.

GUILLAUME.

Veuillez, sans plus nous chamailler,
Me faire venir maître Pierre,
Ce n'est point un jeu qu'on veut faire.

GUILLEMETTE.

Méchant destin pour vous punir
Vous puisse tantôt advenir !
Où donc avez-vous la pensée,
A plus de trois quarts insensée?

GUILLAUME.

Suis-je chez maître Patelin?

GUILLEMETTE.

Oui, mais le mal saint Mathelin
Vous puisse serrer par la tête;
Parlez bas.

GUILLAUME.

Le diable et sa fête !
Ne l'oserai-je demander?

GUILLEMETTE.

Que Dieu veuille bien nous garder.
Tout bas ; faut-il qu'il se réveille?

GUILLAUME.

Quel bas? Voulez-vous qu'à l'oreille
Nous conversions au fond du puits?

GUILLEMETTE.

Ah! malheureuse que je suis!
Quel babil! mais c'est votre guise.

GUILLAUME.

Par le diable si je m'avise....
Et pourquoi parlerais-je bas?
Je n'entends point de tels débats.
La vérité qu'il faut apprendre,
C'est que Pierre est venu nous prendre
Six aunes de drap aujourd'hui.

GUILLEMETTE.

Pour cela l'ai-je bien oui?
Le diable ait part à votre *prendre*.
Ah! je voudrais que l'on pût pendre
Les menteurs. Mon pauvre mari

Est malade, il n'est pas sorti
Du lit depuis onze semaines.
Laissez là toutes raisons vaines.
Sont-elles beaucoup de saison?
Vous allez vider la maison.
De vos sots propos je suis lasse.

GUILLAUME.

Vous prétendiez que je parlasse
Bas, et voilà que vous criez.

GUILLEMETTE.

Eh! c'est vous seul qui bataillez
Et disputez; chaque parole
N'est que querelle.

GUILLAUME.

Assez du rôle,
Payez-moi vite.

GUILLEMETTE.

Parlez bas,
Dites, ne le ferez-vous pas?

GUILLAUME

Prenez donc mieux garde vous-même,
Votre verbe est haut à l'extrême,
Et plus élevé quatre fois

Que le plus haut ton de ma voix.
Finissez, et qu'on me délivre....

GUILLEMETTE.

Que dites-vous? Êtes-vous ivre,
Ou seriez-vous hors de bon sens?

GUILLAUME.

Vous avez les mots caressants!
Ivre, une agréable demande!

GUILLEMETTE.

Oh! plus bas, qu'il ne vous entende.

GUILLAUME.

De six aunes je veux le prix,
Pareil nombre chez moi fut pris,
Et de beau drap encore, dame.
C'est mon avoir que je réclame.

GUILLEMETTE.

A qui donc l'avez-vous donné?

GUILLAUME.

A lui-même.

GUILLEMETTE.

Il est bien tourné,
Pour s'aller mettre en train d'emplette!
Allons, votre absence est complète.

Jamais robe il ne vêtira
Que blanche, ni ne partira
De son lit de souffrance amère,
Que pour sa demeure dernière,
Celle où l'on va les pieds devant.

GUILLAUME.

C'est donc depuis soleil levant :
Je lui parlai tantôt, sans faute.

GUILLEMETTE.

Oh ! la voix affreusement haute !
Parlez plus bas, par charité.

GUILLAUME.

Vous-même, dame, en vérité
A parler vous mettez en nage ;
Moi, je peine, et vous faites rage.
Mes écus, je pars dans l'instant.
Adroit qui verra mon argent !
On n'en a jamais autre chose.

(Patelin derrière un rideau que Guillemette detournera tout-à-
l'heure)

PATELIN.

Ma chère femme, un peu d'eau rose,
Relevez-moi mon oreiller ;
A boire, je vais étouffer.....
Personne !... Frottez-moi la plante.

GUILLAUME.

Je l'entends.

GUILLEMETTE.

Sans doute.

PATELIN.

Ah! méchante,
Viens ici. Qui t'a dit d'ouvrir
Ces fenêtres? Viens me couvrir.
Otez les gens noirs, ôtez vite,
Emmenez-les.

GUILLEMETTE.

Comme il s'agite!

(Elle détourne le rideau)

Êtes-vous hors de votre sens?

PATELIN.

Si tu sentais ce que je sens.
Hé! ce moine noir qui s'envole!
Prends-le, remets-lui son étole.
Il grimpe, il va toujours en haut.

GUILLEMETTE.

Quoi donc! Est-ce là ce qu'il faut?
Mon ami, n'avez-vous pas honte?
C'est aussi par trop remué

PATELIN.

Un pauvre homme ainsi se démonte.
Oh! ces médecins m'ont tué
De ces drogues qu'ils m'ont faire boire ;
Et toutefois il les faut croire.
Ils travaillent nos pauvres corps
Tant et si bien qu'ils nous font morts.
Ils y vont comme sur la cire.

GUILLEMETTE.

Hélas ! venez le voir, beau sire,
Pauvre malheureux patient !

GUILLAUME.

Souffre-t-il, à bon escient?
Il revient tantôt de la foire.

GUILLEMETTE.

De la foire !

GUILLAUME.

Je dois m'en croire,
A la foire il s'est présenté.
Du drap que je vous ai prêté
Il me faut l'argent, maître Pierre.

PATELIN.

Ah ! maître Jean, c'est de la pierre,
Ce que je rends, et quel tourment !

GUILLAUME.

Il me faut neuf francs rondement.

PATELIN.

Faut-il prendre un nouveau clystère?

GUILLAUME.

Au diable! est-ce là mon affaire?
Payez neuf francs, ou six écus.

GUILLEMETTE.

Mais le pauvre homme n'en peut plus.

PATELIN.

Dites-vous que ce sont pilules
Ces trois petits et noirs globules?
Cela m'a mis à mal les dents :
Que diable a-t-on mis là dedans?
Pour Dieu ne m'en faites plus prendre;
Maître Jean, il fallut tout rendre;
Je ne sais rien de plus amer.

GUILLAUME.

Je vous dis que mon compte est clair :
Neuf francs, par Saint-Pierre de Rome.

GUILLEMETTE.

Hélas! tant tourmenter cet homme!
Vous êtes rude et sans pitié.

Mais cette dureté farouche
Vous aura bien mal conseillé.
Ce pauvre homme-là sur sa couche,
Il vous prend pour son médecin.
Oh! le mal qu'il a dans le sein,
Cette fièvre qui le dévore
Est assez, sans qu'on vienne encore
Accabler le pauvre chrétien.

GUILLAUME

Comment cela? — Je n'en sais rien.
D'où lui vient ce mal? — Je l'ignore.
Il venait ce jour même encore
A ma boutique, il marchandait
Mon drap, mon drap il achetait,
Et tous deux nous causions ensemble.
Ainsi du moins il me le semble;
Ou bien je ne puis concevoir.....

GUILLEMETTE.

Vous aurez donc l'esprit ce soir
Peu présent, ou peu de mémoire.
Sans faute, si me voulez croire,
Vous irez chez vous reposer;
Certaines gens pourraient gloser
Que seule ici je vous appelle,
Et me faire quelque querelle.
Les médecins tantôt viendront,

Et sur ce mal consulteront.
Je reste, sans fuir leur présence,
Et je n'ai souci qu'on en pense
Ce qu'on voudra, ne pensant point
A mal.

GUILLAUME.

Pardieu! suis-je en ce point?
Et puis je me mettais en tête....
N'allez-vous point nous faire fête?
Maître Patelin m'a parbleu
Parlé d'une oie : est-elle au feu?

GUILLEMETTE.

Voyez donc la belle demande!
Ah! Messire, ce n'est pas viande
De malades; mangez, mangez
De l'oie, et ne vous dérangez.
Dans le cœur vous avez trop d'aise
Pour nous autres.

GUILLAUME *(se détournant pour s'en aller)*.

Ne vous déplaise,
Je me croyais sûr de mon fait,
Je vais savoir ce qu'il en est.
Je dois avoir tout d'une pièce
Six aunes de drap. — On me blesse
Si bien mon pauvre entendement

Que je m'y perds absolument.
Il eut ce drap, l'affaire est sûre. —
Non, ainsi je me le figure,
Il est mourant, ou contrefait
Le mourant. — Il les prit de fait
Et les plaça sous son aisselle?
Mais est-ce bien chose réelle?
En vérité, j'en douterais.
Sur mon honneur, je ne saurais
Dire si je veille ou je songe,
Si c'est chose vraie ou mensonge.
Je ne vais point apparemment,
Donner mon drap, soit en dormant,
Soit en veillant. A nul au monde,
Pour amitié tendre et profonde
Jamais je n'aurais su prêter
Mon drap.... Je n'en veux plus douter,
Il emporta ma marchandise.
Non.... Que voulez-vous que je dise?
Aussi bien, pourquoi viens-je ici?
Impossible qu'il l'ait. — Mais si....
Par ma foi, je n'y vois plus goutte,
Et ne sais lequel, entre nous,
Tient le bon entre les deux bouts.

(Guillaume s'éloigne un peu.)

PATELIN. *(Bas à Guillemette.)*

S'en est-il allé?

GUILLEMETTE.

Paix, j'écoute,
Je ne sais ce qu'il va rêvant;
Il s'en va si fort grommelant,
Que son esprit semble en déroute.
Il n'est pas temps de se lever.

PATELIN.

Rien mieux ne pouvait arriver.

GUILLEMETTE.

Chut! chut! Il reviendra sans doute,
Gardez-vous de bouger encor,
Ce serait tout gâter d'abord.
Il tourne et retourne.

PATELIN.

Saint-George!
Sur l'enclume comme on lui forge
Une croyance au mécréant!
Cela lui sied à ce méchant,
Comme un Christ sied au monastère.

GUILLEMETTE.

Jamais quand on fit bonne chère,
Le lard aux pois ne vint si bien;
Ça l'oblige, il ne donnait rien
Les dimanches.

PATELIN.

Pour Dieu, sans rire,
S'il revenait, il pourrait nuire,
Et je le crains, il reviendra.

GUILLEMETTE.

Oh bien ! par ma foi, s'en tiendra
Qui pourra ; sinon que je meure,
Il faut que j'éclate sur l'heure.

(Elle lit)

GUILLAUME. *(A quelques pas, à part)*

Par le soleil qui luit là haut,
Je veux revenir, et tantôt,
Chez ce bel avocat d'eau douce,
Lui donner une autre secousse.
Qu'on en dise ce qu'on voudra,
Il n'aura pas pour rien mon drap.
Quel gentil retrayeur de rentes
Au nom de parents ou parentes.
Ah ! par saint Pierre, j'en ai peur,
Il a mon drap, le faux trompeur.
Il l'eut ici, dans cette place.

GUILLEMETTE.

Quand me souvient de la grimace
Qu'il faisait en vous regardant,

Je ris, comme il était ardent
A demander.

PATELIN.

Chut! point de rire;
Si l'on vous entendait bruire,
Autant vaudrait s'enterrer vif;
Il est si fort rébarbatif.

GUILLAUME. *(A part.)*

Méchant avocat à trois pseaumes,
Vous tient-il les gens pour Guillaumes?
Il a mon drap, il l'a pardieu,
Le coquin m'a joué ce jeu.
Oh! le scélérat! le pendable!
Il l'est comme un blanc est prenable.

(Il se rapproche; haut.)

Holà! ne vous cachez-vous pas?

GUILLEMETTE.

Voilà qu'il revient sur ses pas,
Il m'aura peut-être entendue,
Sa raison doit être perdue.

PATELIN.

Je ferai semblant de rêver;
Allez vite le retrouver.

GUILLEMETTE. *(Allant au devant de Guillaume.)*

Encor du bruit! Et comme il crie!
Plus bas au moins, si vous criez.

GUILLAUME.

Dieu me pardonne, vous riez,
Çà, mon argent.

GUILLEMETTE.

       Sainte Marie,
De quoi voulez-vous que je rie?
J'ai bien lieu de me réjouir,
En si triste et dolente fête!
Il s'en va, c'est une tempête,
Des clameurs à vous étourdir.
Il est en train de frénésie,
De déraison, de rêverie,
Extravaguant, rêvant, chantant
En vingt langues qu'il va mêlant.
Il n'en a pas pour demi-heure;
Ensemble je ris et je pleure.

GUILLAUME.

Je ne sais quel rire et pleurer,
Mais il faut d'abord me payer.

GUILLEMETTE.

De quoi? Toujours même folie?
Même babil et rêverie?

GUILLAUME.

Bien habile qui me paiera
De tels mots quand je vends mon drap!
Telle n'est pas mon habitude,
Et je n'en veux point faire étude.
Et vais-je prendre à votre gré
Vessie en guise de lanternes?

PATELIN. *(Toujours dans son lit.)*

Sus! sus! la reine des Guiternes
A mon oreille a murmuré.
J'apprends comme elle a su nous faire
Vingt-quatre petits guiterneaux,
Enfants de l'abbé d'Iverneaux.
Il me faut être son compère.

GUILLEMETTE.

Hélas! pensez à Dieu le père.
Que votre âme soit en repos,
Il n'est pas temps pour vains propos,
Laissez farfadets et guiternes.

GUILLAUME.

Trève de toutes balivernes.
Allons, qu'on me paie à l'instant
En or, ou du moins en argent
Du drap que vous me vintes prendre.

GUILLEMETTE.

C'était assez de se méprendre
Une fois, deux c'est trop vraiment.

GUILLAUME.

Que parlez-vous de se méprendre?
Il s'agit de rendre ou de pendre :
Et quel tort vous fais-je, en venant
Pour réclamer mon bien, en somme?

GUILLEMETTE.

Hélas! tant tourmenter cet homme!
Est-il trop long-temps à mourir?
Je vois bien à votre visage
Que vous êtes homme peu sage :
Par cette femme en repentir,
A vous lier j'aurais plaisir,
Pour peu que me vînt d'assistance.
C'est une fureur dans l'absence.

GUILLAUME.

J'enrage à n'avoir mon argent.

GUILLEMETTE.

Vous allez donc toujours songeant
A cette incroyable sottise?
Signez-vous par la sainte Eglise.

GUILLAUME.

Bien adroit qui m'y reprendra
A faire crédit pour du drap
Dans les douze mois de l'année !
Quel malade à l'âme damnée !

PATELIN.

Hé ! par ma fyé, m'en voul anar,
Ou Diou me renague, outre mar.
La Coronade ! rès ne donne,
Et que d'argent il ne me sonne.
Vous entendez, mon beau cousin.

GUILLEMETTE.

Il eut un oncle limousin,
D'où ce jargon qu'il nous patoise.

GUILLAUME.

Il s'en vint, et sans faire noise,
Sous son bras gauche mit mon drap,
Et je vous dis qu'il le paiera,
Il le portait sous son aisselle.

PATELIN.

Venez en's, douce damoiselle.
Çha tôt prestre veuil devenir.
Or çha le diable y puist venir
En chelle vieille prêtrerie,

Et faut-il que le prêtre rie
Lorsque sa messe il dut canter ?

GUILLEMETTE.

Ah ! l'heure ne va pas tarder
Du dernier sacrement.

GUILLAUME.

Etrange
Que sa langue à chaque instant change !
Le voilà qui parle picard.
Quelle bizarre maladie !

GUILLEMETTE.

Cela lui revient sur le tard :
Sa mère fut de Picardie.

PATELIN.

D'où viens-tu, carême prenant
Vacarme lefve, Goudeman.
Hau ! Watteville ! come trie.
Cha à dringuez, je vous en prie.
Hau ! Watville ! pour le frimas (1)
Faites venir frère Thomas,
Que près de lui je me confesse.

---

(1) Pour la frime.

GUILLAUME.

Qu'est ceci? faut-il qu'il ne cesse
De parler langage divers ?
J'écoute l'homme, et je m'y perds.
Qu'il me paie ou me donne un gage :
A partir vite je m'engage.

GUILLEMETTE.

Par le dieu qui fut condamné,
Je vous vois bien singulier homme !
Que voulez-vous? Je ne sais comme
Vous faites ainsi l'obstiné.

PATELIN.

Adonc, qui est-ce là qui s'attaque
A ce mien corps? Est-ce une vaque,
Une mouque, ou quelque escarbot?
Hé da, j'ai le mau saint Garbot.

GUILLAUME.

Encore une langue nouvelle !
Un autre tour de sa cervelle !

PATELIN.

Suis-je des foireux de Bayeux?
Jean du Quemin sera joyeux.
Mais qu'il sache que je le sée :

Par Monsieur saint Jean, je berée
A lui voulentiers une fés.

GUILLAUME.

Comment peut-il porter le faix
De tant parler? Sa tête est folle.

GUILLEMETTE.

Son maître, jadis à l'école,
Etait normand, et de là vient
Qu'à tout moment il s'en souvient.
Il s'en va.

GUILLAUME.

Par sainte Marie,
C'est la plus grande rêverie
Où jamais je me sois jeté :
Je n'aurais un moment douté
De l'avoir vu tantôt en foire.

GUILLEMETTE.

Vrai, comment l'avez-vous pu croire?

GUILLAUME.

Je le croyais, mais maintenant
Je vois comme l'erreur nous prend,
Et pour vrai je tiens le contraire.

PATELIN.

Est-ce un âne que j'entends braire?

C'est ce maudit cousin à moi.
Ils seront tous en grand émoi
Quand ils sauront sa tricherie;
Car ton fait n'est que tromperie.

GUILLAUME.

Mon Dieu! de moment en moment
S'en va tout son entendement,
On n'entend rien à son langage,
C'est la cervelle qui s'engage.

PATELIN.

Huis os bez ou dronc nos badou....

GUILLAUME.

Sa tête va je ne sais où;
Entendez-y comme il gargouille,
Par le corps-dieu comme il barbouille!
Ce n'est plus un parler chrétien,
Et le diable n'y comprend rien.

GUILLEMETTE.

Il eut sa grand'mère bretonne,
C'est en breton qu'il déraisonne.
Ah! voilà ses derniers moments,
Et c'est l'heure des sacrements.

PATELIN.

Dieu te mette en male semaine,

Vieux drôle, ordure de Lorraine.
Tu me refais trop le gaillard,
Je connais monsieur le paillard.
Par la mort bieu! cha, vien t'en boire,
Et baille-moi stan grain de poire,
Car vraiment je le mangera,
Et par saint George, je leura
A ty. Que veux-tu que je die?
Dy, vien-tu nient de Picardie,
Jacquemart, que t'es ebaubis?
Et bona dies sit vobis,
Magister amantissime,
Pater reverendissime,
Quomodo brulis? quæ nova?
Parisius non sunt ova.
Quid petit ille mercator?
Dicat sibi quod trufactor
Ille qui in lecto jacet,
Vult ei dare, si placet,
De Oca ad comedendum.
Si sit bona ad edendum
Petit sibi sine mora.

GUILLEMETTE.

C'est chose certaine, il mourra
Tout parlant, il jette l'écume;
Ne voyez-vous pas comme il fume?

A la grande divinité
Remonte son humanité;
Je vais demeurer pauvre et lasse.

GUILLAUME.

Bien serait que je m'en allasse
Avant qu'il ne passe le pas.
Je craindrais qu'il ne voulût pas,
Voyant venir sa dernière heure,
Et moi-même dans sa demeure,
Vous dire tout ce qu'il pourrait
Avoir à vous dire en secret.
Je le gênerais, d'aventure.
Je me suis trompé, je vous jure.
Pour Dieu, qu'il me soit pardonné,
Je croyais ferme dans mon âme
Qu'il avait mon drap. Adieu, dame.

GUILLEMETTE.

Le grand pardon vous soit donné,
Ainsi qu'à la pauvre dolente.

GUILLAUME. *(En s'en allant à petits pas.)*

Par Notre-Dame la clémente,
Jamais ne fus tant ébahi.
Le diable que j'ai pris pour lui
S'en vint chez moi sous sa figure,
Et prit mon drap pour me tenter.

Mais puisse sa malice impure
Sur moi ne jamais attenter
Et laisser en paix ma personne ;
Et puisque ainsi va, je le donne
Pour Dieu même à qui l'aura pris.

PATELIN.

Ne vous l'ai-je pas bien appris,
Comme il est chien de bonne race
Et réserve sous sa cuirasse
Mainte ruse avec maint détour.
Il lui viendra plus d'un retour,
La nuit, parmi sa rêverie.

GUILLEMETTE.

Comment trouvez-vous mon génie?
N'ai-je pas bien fait mon devoir?

PATELIN.

Si fait, c'était très-bon à voir.
Enfin vous avez fait merveille
A n'avoir pas votre pareille.
Nous avons du drap maintenant,
Et des robes à l'avenant.

SCÈNE V.

GUILLAUME *(Seul en s'en allant.)*

Toujours payé de tromperies.
Chacun m'emporte mon avoir
Et prend ce qu'il en peut avoir,
On ne sait plus que pilleries :
Me voilà le roi des méchants.
Même jusqu'aux bergers des champs
Qui font la fraude à leur manière :
Témoin par exemple le mien,
A qui j'ai toujours fait du bien.
Mais enfin, j'en suis en colère.
Pour rien il ne m'a pas trompé,
Et tantôt il l'aura payé.

SCÈNE VI.

GUILLAUME, THIBAUT AIGNELET, *berger.*

THIBAUT.

Dieu vous donne bonne journée,
Monseigneur, et bonne soirée.

GUILLAUME.

Est-ce toi, truand, toi pillard

Dont le col appelle la hart?
Le bon valet, que viens-tu faire?

THIBAUT.

Seigneur, ne vous veuille déplaire,
Un homme à l'habit tout rayé,
Tout étrange et bariolé,
Lequel tenait un fouet sans corde
M'a dit, mais je ne me recorde
Tous les mots bien exactement,
Ni même ce que ce peut être.
Il m'a parlé de vous mon maître,
Et de certain ajournement,
A quoi je n'entends gros ni grêle,
Il m'a tout brouillé pêle-mêle,
Brebis, relevée et moutons,
Et je ne sais quels rogatons.
Il m'a fait un grand étalage
De vous, mon maître, en son langage.

GUILLAUME.

Si je ne te fais emboucler
Tout à l'heure, devant le juge,
Je veux pardieu que le déluge
Sur ma tête puisse rouler,
Que sur moi tombent les tempêtes!
Jamais ne tueras de mes bêtes

Sans en garder bon souvenir.
Rends-moi, quoiqu'il puisse advenir,
Six aunes.... je dis l'assommage
De mes bêtes, et le dommage
Que tu m'as fait depuis dix ans.

THIBAUT.

Ne croyez pas les médisants,
Mon bon Seigneur, par Notre-Dame.

GUILLAUME.

Par tous les saints que l'on réclame,
Tu me rendras, je le prétends,
Mes six aunes de drap, j'entends
Ce que tu volas sur mes bêtes.

THIBAUT.

Quel drap? Oh! mon Seigneur, vous êtes
Courroucé de je ne sais quoi,
Où je ne suis pour rien, je croi.
Par saint Leu, je n'ose rien dire;
Dans vos yeux la fureur respire.
Devant vous je tremble et me tais.

GUILLAUME.

Voudras-tu me laisser en paix?
Viens au juge, si bon te semble.

THIBAUT.

Convenons d'un accord ensemble,
Seigneur, et ne me plaidez point.

GUILLAUME.

Va, ton affaire est en bon point,
Tu n'auras ni répit, ni trève;
Seul le juge en décidera.
Quoi donc! chacun me trompera
Ainsi tout à sa fantaisie.
Non, du tout, je ne m'en soucie,
Et j'y mettrai bon ordre.

THIBAUT.

Adieu,
Je vais donc préparer le jeu,
Il faut bien que je me défende.

(Il se dirige vers la porte de Patelin, et appelle)

SCÈNE VII.

THIBAUT, *puis* PATELIN, GUILLEMETTE.

THIBAUT.

Quelqu'un ici!

PATELIN.

Que l'on me pende,

Vous verrez qu'il revient encor.

GUILLEMETTE.

Dieu nous garde de mauvais sort :
Nous aurions là ma foi du pire.

THIBAUT, *entrant.*

Que Dieu soit avec vous, messire.

PATELIN.

Dieu te gard, qu'est-ce qu'il te faut?

THIBAUT.

Ils vont me piquer en défaut
Si je manque à l'ajournerie.
C'est pour tantôt, donc, je vous prie,
S'il vous convient, vous y viendrez,
Mon bon maître, et me défendrez,
Et me ferez gagner ma cause,
Car je n'y sais dire grand chose.
Allez, je vous paîrai très bien,
Tout en vous ayant l'air de rien.

PATELIN.

Voyons, qu'es-tu? Raconte, expose
Le fait : demandeur, défendeur?

THIBAUT.

Bon, je connais un entendeur.

Entendez ceci, mon bon maître :
J'ai pendant long-temps mené paître
Ses brebis et les lui gardais ;
Sur mon serment, je regardais
Que la paie était bien petite.
Dirai-je tout?

PATELIN.

Certes, dis vite.
Parle, un conseil doit tout savoir.

THIBAUT.

C'est donc bien vrai, vous l'allez voir,
Que souvent les ai-je assommées,
Tant que plusieurs se sont pâmées
Maintefois, jusques à mourir,
Tel jarret pût les soutenir.
Alors je lui faisais entendre,
Afin qu'il ne m'en pût reprendre,
Que quelque mal passait par là,
Et que c'était la clavelée.
Il disait : ne soit plus mêlée
Avec les autres, jette-la.
Et moi : Volontiers. Mais cela
Se faisait par une autre voie
Qui me mettait le cœur en joie ;
Car, par saint Jean, je les mangeais,
Sachant fort bien la maladie

Et point je ne m'en effrayais.
Que vous dirai-je? A l'étourdie
J'ai tant et tant continué,
J'ai tant assommé, tant tué,
Qu'il a fini par voir ma ruse;
Et sachant comme je l'abuse,
Mon homme m'a fait épier,
Car on les entend bien crier.
Enfin donc, il faut vous l'apprendre,
Sur le fait quelqu'un m'a su prendre,
Et je ne le saurais nier.
Par quoy je voudrais vous prier
(Je ne manque pas de finance)
De le laisser prendre l'avance
Et qu'il en soit pour son procès.
Je conviens qu'il a bonne cause,
Mais vous aurez bien quelque clause
Pour attraper un bon succès,
Et faire sa cause mauvaise.

PATELIN.

Voyons, dis, seras-tu bien aise,
Quand je t'aurai fait l'emporter?
Mais il s'agit de t'expliquer :
Que donnes-tu, si je renverse
Le droit de ta partie adverse,
Si je te fais aller absous?

THIBAUT.

Je ne vous paîrai point en sous,
Mais en bon or à la couronne.

PATELIN.

Eh bien ! ta cause sera bonne,
Fût-elle pire de moitié.
Et ne va pas être effrayé
Du peu de temps ; c'est où je brille.
Je perds plutôt à m'appliquer,
Et tu verras comme j'habille
L'affaire qu'il faut attaquer
Tout au plus vif. Donc sa demande
Est faite, et voici qu'on te mande
Pour répondre sur tout ton fait.
Tu dois entendre la cautelle ;
Comment est-ce que l'on t'appelle ?

THIBAUT.

Par saint Maur, Thibaut l'Aignelet.

PATELIN.

L'Aignelet ! Maint agneau de lait
Tu dois dérober à ton maître.

THIBAUT.

Ma foi ! la chose peut bien être,
J'en puis bien avoir en trois ans

Mangé comme qui dirait trente,
Ou même plus.

PATELIN.

C'est dix de rente.
C'est pour tes dés que tu les prends,
Et puis encor pour ta chandelle.
Va, je la lui donnerai belle.
Penses-tu qu'il puisse trouver
Témoins par qui ces faits prouver?
C'est le point de la plaidoirie.

THIBAUT.

Prouver, sire! sainte Marie!
Par tous les saints du Paradis,
Pour un il en trouvera dix
Qui de rien ne feront mystère.

PATELIN.

Ce cas pour nous devient sévère.
Voici ce que je penserais :
Moi, point je ne te connaîtrais,
Et ne t'aurais jamais vu même.

THIBAUT.

Non pas, par le grand Dieu suprême.

PATELIN.

Ecoute ce qui conviendra :

Si tu parles, on te prendra
Sur chaque parole lâchée ;
Dont la cause est bien empêchée.
Ces aveux et confessions
Font méchantes positions.
Fais donc ce que je vais te dire.
On t'appelle pour contredire
Et comparaître en jugement ;
Tu ne répondras nullement,
Excepté *bée*, et qu'on ne tire
Rien de toi, rien absolument.
Que l'on t'injurie et maudisse,
Qu'on t'appelle ignoble manant,
Qu'on ajoute : Maraud, truand,
Vous moquez-vous de la justice ?
Dis *bé*, toujours *bé :* moi pourtant :
Il est simple, vais-je ajoutant,
Et ne croit parler qu'à ses bêtes.
En dussent-ils rompre leurs têtes,
N'ajoute pas, garde-t-en bien,
Un autre mot, pas un seul, rien,
Et tout ira.

THIBAUT.

Le fait me touche,
Rien ne sortira de ma bouche.

PATELIN.

Tiens bon et ferme.

THIBAUT.

Assurément.

PATELIN.

A moi même, pour quelque chose
Que je te dise ou te propose,
Ne va point répondre autrement.

THIBAUT.

Dites que j'ai la tête folle,
Si l'on me tire autre parole,
Sauf *bé* que vous m'avez appris,
Ni vous, ni personne qui vive,
De quelque mot qu'on me poursuive.

PATELIN.

Ainsi notre homme y sera pris.
Mais aussi, fais que je me loue
De ton salaire, et ne me joue.

THIBAUT.

Je veux payer à votre mot ;
Si vous me prenez en défaut,
Jamais ne croyez ma parole ;
Mais vous, jouez bien votre rôle.

PATELIN.

Le juge à cette heure est assis,
Car son heure est celle de six.
Pour n'aller pas par même voie,
Prends par ici.

THIBAUT.

Qu'on ne nous voie,
Vous l'avocat, moi le client.

PATELIN.

Mais point d'oubli pour le paiement.

THIBAUT.

A votre mot, n'en faites doute.

(Il sort)

SCÈNE VIII.

PATELIN, *seul.*

S'il ne pleut, dit-on, il dégoutte ;
J'aurai comme un ou deux écus,
Si je ne peux attraper plus.

SCÈNE IX.

LE JUGE *sur son tribunal,* GUILLAUME, PATELIN, THIBAUT.

PATELIN, *au juge.*

Que Dieu vous accorde, messire,

Selon que votre cœur désire.

LE JUGE.

Et vous, soyez le bienvenu,
Et vous couvrez, puis prenez place.

PATELIN.

Je suis fort bien, je vous rends grâce.

LE JUGE.

Quoi, nul plaideur n'est-il venu ?
Pas une affaire ! je me lève
Et pars.

GUILLAUME.

Mon avocat achève
Quelque requête qu'il faisait,
Monseigneur, et s'il vous plaisait,
Je vous supplirais de l'attendre.

LE JUGE.

Ailleurs encor je dois entendre ;
Si votre adversaire est présent,
Parlez, le juge vous entend.
Ne perdons pas l'heure qui sonne.
Vous venez comme demandeur?

GUILLAUME.

Vous l'avez dit.

LE JUGE.

Le défendeur
Est-il là présent en personne ?

GUILLAUME.

Oui, voyez-le qui ne dit mot ;
Mais Dieu sait bien ce qu'il en pense.

LE JUGE.

Puisque vous êtes en présence,
Posez la demande tout haut.

GUILLAUME.

Monseigneur, il m'a fait offense,
Sur quoi voici la vérité.
Pour Dieu, par pure charité,
Je le nourris en son enfance.
Quand il fut en force et puissance
D'aller aux champs, pour abréger,
Je l'établis pour mon berger,
Et le mis à garder mes bêtes.
Mais aussi vrai comme vous êtes
Celui là dont nous attendons
Sentence, monseigneur le juge,
Le drôle a fait un tel déluge
De mes brebis, de mes moutons,
Que sans aucun doute....

LE JUGE.

Ecoutons,

Il était votre mercenaire?

PATELIN.

Il ne pouvait pas s'y vouer
Sans commission et salaire.

GUILLAUME, *ironiquement.*

Je puisse Dieu désavouer
Si l'on sait vous trouver en faute.

LE JUGE.

Comme vous tenez la main haute,
Maître Pierre, est-ce mal aux dents?

PATELIN.

Oui, je sens tels élancements,
Que jamais ne fut telle rage.
Je n'ose lever le visage.
Pour Dieu, faites-les se hâter.

LE JUGE, *à Guillaume.*

Or donc, achevez de plaider,
Concluez en paroles claires.

GUILLAUME.

Croix où mon Dieu s'est étendu ! -

C'est bien vous à qui j'ai vendu
Six aunes de drap, maître Pierre?

LE JUGE.

Que dit-il là de drap?

PATELIN.

      Il erre,
Croyant à son propos venir,
Et ne sait plus s'en souvenir.

GUILLAUME.

Par votre sang, divine gorge,
Nul autre que lui ne l'a pris,
Et j'en prétends avoir le prix.

PATELIN.

Le méchant homme! comme il forge
Un fait à la cause étranger,
Et comme il est leste à changer
De front pour remplir son libelle!
Il dit, si j'ai bien entendu,
Car sa cause n'est pas trop belle,
Que son berger avait vendu
La laine du drap de ma robe,
Et cette laine, il la dérobe
Sur ses brebis, à ce qu'il dit.

GUILLAUME.

Que mille fois je sois maudit,
Si vous n'avez mon drap !

LE JUGE, *à Guillaume.*

Silence !

Et ne savez-vous revenir
A votre fait sans retenir
La cour par votre impertinence ?

PATELIN.

Je souffre, et malgré moi je ris.
Il va de si grande vitesse,
Qu'il ne sait ni ce qu'il a pris
En son discours, ni ce qu'il laisse.
Il s'y perd, ou le ramenons.

LE JUGE.

Or revenons à nos moutons,
Qu'en advint-il ?

GUILLAUME.

Il prit six aunes
De neuf francs.

LE JUGE.

Sommes-nous béjaunes,
Qu'ainsi vous venez nous jouer ?

PATELIN.

On penserait qu'il veut braver,
Bien que bonhomme par la mine.
Je demande qu'on examine
Son adversaire, maintenant.

LE JUGE.

Il le connaît apparemment,
Il l'a pris à part et lui cause.

LE JUGE, *à Thibaut.*

Viens-çà, donc, et dis-nous ta cause.

THIBAUT.

Bée.

LE JUGE.

    Allons, voici du nouveau.
Bé... me prends-tu pour une chèvre?
Au lieu de faire le chevreau,
Parle-moi.

THIBAUT.

    Bé.

LE JUGE

        La chaude fièvre
Te prenne, allons, te moques-tu?

PATELIN.

Croyez qu'il est fol ou têtu,

Ou se suppose entre ses bêtes.

GUILLAUME.

Or, que je meure, si vous n'êtes
Mon homme même, et vous avez
Eu mon drap. Ah! vous ne savez,
Monseigneur, par quelle malice.

LE JUGE.

Paix! vous nous mettez au supplice.
Laissez, venons au principal,
Expliquez-vous un peu moins mal.

GUILLAUME.

Mais, monseigneur, le cas me touche!
Je me tais cependant, ma bouche
Pas un seul mot n'en touchera;
Une autre fois, il en ira
Comme il pourra; voyez, j'avale
Sans mâcher ce que l'on me sale.
Tout à l'heure donc je disais
— C'est mon propos — comment j'avais
Vendu six aunes — je veux dire
Mes brebis, excusez-moi, sire.
Ce gentil maître, mon berger,
Qui devait aux champs m'arranger
Me promit que j'aurais sans faute
Six écus d'or quand je viendrais;

Et je devais être son hôte
Lorsque chez lui j'arriverais.
Mon berger, dis-je, fit promesse
Voici trois ans, qu'avec sagesse
Et loyauté me garderait
Mes brebis, et ne me ferait
Aucune fraude, aucun dommage.
Et maintenant, il se dégage,
Refusant le drap et l'argent.
Ah ! maître Patelin, vraiment
Le drôle me prenait les laines
De mes brebis, et toutes saines
Leur donnait le coup de la mort,
Car il les frappait ferme et fort
D'un gros bâton sur la cervelle.
Quand mon drap fut sous son aisselle,
Lestement il prit son chemin,
Et disparut du plus grand train.
Tantôt, dit-il, vous viendrez prendre
Six écus d'or qu'il faut vous rendre,
Je vous attends en ma maison.

LE JUGE.

Ça n'a ni rime ni raison ;
Il n'est que pure impertinence
Au babil dont vous débordez.
Qu'est ceci? Vous entrelardez

Puis d'un, puis d'autre : somme toute,
Je m'y perds, et je n'y vois goutte.
Il vous mêle brebis et drap :
Diable soit qui le comprendra.

PATELIN.

Il retient, la chose m'est claire,
Au pauvre berger son salaire.

GUILLAUME.

Et mon drap, vous n'en parlez pas ;
Mais moi, je sais bien où le bas
Me blesse ; je le sens peut-être.
(*Au juge.*) Vous ni personne n'en savez
    Autant que moi. (*A Patelin.*) Vrai, vous l'avez.

LE JUGE.

Et qu'est-ce qu'il a ?

GUILLAUME.

       Rien, mon maître.
(*Bas.*) Un grand trompeur ! Je m'en tairai,
    Si je puis, et n'en parlerai
    Pour quelque chose qu'il advienne.

LE JUGE.

Si vraiment ; qu'il vous en souvienne :
Or, concluez ouvertement.

PATELIN.

Le berger ne peut nullement
Répondre aux faits que l'on propose,
Sans conseil ; cependant il n'ose
Ou ne sait point en demander.
Si vous vouliez me commander
De me donner à lui d'office,
Je me mettrais à son service.

LE JUGE.

Avec cet homme, ce serait
Du travail qu'en vain l'on perdrait.
On n'y gagnerait que froidure.

PATELIN.

Mais aussi bien, je vous le jure,
Je ne prétends en rien avoir.
Je veux uniquement savoir
Du pauvret ce qu'il pourra dire,
Et s'il ne saurait pas m'instruire
Pour répondre aux faits proposés,
Mais qui demeurent non prouvés.
Si nous le laissions sans défense,
La charité crirait vengeance.
Viens-çà, mon ami, près de moi,
Qui pourrait prouver contre toi ?

THIBAUT.

Bée.

PATELIN.

Es-tu fou? Dis ton affaire.

THIBAUT.

Bée.

PATELIN

Entends-tu tes brebis braire?
C'est pour ton profit, réponds-y.

THIBAUT.

Bée.

PATELIN.

Ah! conviens ou dis nenni,
Ou ta langue y sera contrainte.

THIBAUT

Bé

PATELIN.

Parle, ou tu t'en trouveras
Fort mal, de quoi j'ai grande crainte.
Allons, allons, tu parleras.

THIBAUT.

Bée

PATELIN.

Est-il fou plus fol au monde
Que celui qui met en procès
Un tel être, et veut qu'il réponde?
Sire, le renvoyez à ses
Brebis, il est fou de nature.

GUILLAUME.

Tel nom pouvez-vous lui donner?
Il est plus sage que vous n'êtes.

PATELIN.

Envoyez-le garder ses bêtes;
Il ne faut tels fous ajourner.
Qu'il parte, et jamais ne retourne,
Pour quelque sergent qui l'ajourne.

GUILLAUME.

Quoi! même sans l'avoir ouï?

PATELIN.

Eh ! oui vraiment, il est fol, oui,
Pourquoi pas?

GUILLAUME.

Au moins je désire
Qu'auparavant me laissiez dire,
Et poser mes conclusions :

Ce ne sont pas fausses raisons
Que je vous dis, ni moqueries.

LE JUGE.

Ce sont fausses plaisanteries,
Que venir mettre en jugement
De pauvres fous, de pauvres folles.
Ecoutez : sans plus de paroles,
La cour s'en lave absolument
Les mains, et n'y veut plus entendre.

GUILLAUME.

Ne saura-t-on plus où les prendre ?
Ils ne reviendront pas.

LE JUGE.

Eh ! quoi ?

PATELIN.

Revenir ? On ne vit, ma foi,
Tel fol, en fait comme en réponse.
L'autre ne vaut pas mieux d'une once;
Entre deux ils n'ont un carat
De cervelle.

GUILLAUME.

Mais pour mon drap,
Vous l'avez pris par tromperie,

Sans payer, et de prud'homie
Ce n'est pas trop le fait.

PATELIN.

Quel fol !
J'en ris.

GUILLAUME.

La chose tourne en vol.
Je vous connais bien au visage.
Je ne suis pas fou, je suis sage
Assez pour savoir qui me fait
Bien ou mal; écoutez le fait,
Monseigneur, par ma conscience ....

PATELIN.

Hé! sire, imposez-lui silence,
Depuis le temps que nous perdons!
Vrai, c'est honteux de tant débattre
Contre un berger, pour trois ou quatre
Vieilles brebis, méchants moutons
Qui ne valent pas deux boutons.
Il en fait une kyrielle.

GUILLAUME.

Quels moutons? Vous la donnez belle;
C'est à vous que je parle, à vous,
Du drap que vous prîtes chez nous,

Et vous le rendrez, je le jure
Par le Dieu qui prit la figure
De l'homme, et naquit à Noël.

LE JUGE.

Il m'accablera, par le ciel,
Et n'en finira pas de braire.

GUILLAUME.

Je demande.....

PATELIN.

    Faites-le taire :
C'est aussi par trop divagué.
Prenons qu'il s'en soit appliqué
Six ou sept, même une dixaine,
Qu'il en ait mangé sa douzaine,
Vous voilà bien malade, ô Dieu !
Et de geindre c'est bien le lieu !
N'avez-vous gagné, je vous prie,
Du temps qu'il vous les a gardés ?

GUILLAUME, au juge.

Regardez, sire, regardez ;
Je lui parle de draperie,
Il me répond de bergerie.
Répondez-moi tout nettement :
Vous avez mis sous vos aisselles

Six aunes de drap, où sont-elles ?
Dites le mot ouvertement,
Ne comptez-vous pas me les rendre ?

PATELIN, *au juge.*

Ah ! sire, le ferez-vous pendre
Pour un méchant mouton ou deux,
Pour six ou sept bêtes à laine ?

(A Guillaume.)

Au moins reprenez votre haleine,
Ne soyez pas si rigoureux
Au pauvre berger douloureux
Tout triste et nud, et qui fait peine.

GUILLAUME.

Que le diable m'ait fait vendeur
De mon bien à tel entendeur !
Or, monseigneur, je lui demande....

LE JUGE.

Je l'absous de votre demande,
Et vous défends de procéder.
C'est un bel honneur de plaider
Contre un fou ! (*A Thibaut.*) Va-t-en à tes bêtes.

THIBAUT.

Bé.

LE JUGE, *à Guillaume.*

Vous montrez bien qui vous êtes.

GUILLAUME *(montrant Patelin).*

Eh ! monseigneur, c'est à nous deux
Ecoute-moi donc, je lui veux.....

PATELIN.

Rien ne pourra le faire taire.

GUILLAUME.

A nous deux nous avons affaire.
Vous m'avez trompé faussement,
Puis emporté furtivement
Mon drap par votre beau langage.

PATELIN.

Soyez-moi témoin, s'il est sage,
Vous l'entendez bien, monseigneur.

GUILLAUME.

Croyez qu'il est maître trompeur,
Monseigneur, quoique l'on en dise.

LE JUGE.

Je n'entends que pure sottise,
Querelle et bruit de vos deux parts;
Mais grâce à Dieu, tantôt je pars.

(*A Thibaut.*) Va-t-en, mon ami, ne retourne
Jamais, pour sergent qui t'ajourne.
La cour t'absout, entends-tu bien ?

PATELIN.

Dis grand merci.

THIBAUT.

Bé.

LE JUGE.

Va, que rien
Ne t'inquiète.

GUILLAUME.

Qu'il s'en aille !
N'en aurai-je ni sou ni maille ?

LE JUGE.

J'ai maintenant affaire ailleurs.
Des voix que rien ne ferait taire !
Vous ne m'y feriez plus tenir,
Je m'en vais ; voulez-vous venir
Souper avec moi, maître Pierre ?

PATELIN.

Je ne puis.

GUILLAUME

Quel larron fieffé !

Ne serai-je donc point payé?

PATELIN.

De quoi payé? Quelle folie
Est-ce là? Faut-il qu'on vous lie?
Voyons, pour qui me prenez-vous?
A votre avis, que sommes-nous?
Je vous le dirai sans attendre,
Pour qui vous avez cru me prendre :
Sans doute pour écervelé;
Non vraiment, il n'est point pelé
Comme vous me voyez la tête.

GUILLAUME.

Me prenez-vous pour une bête?
C'est vous-même, je vous connais,
C'est vous-même, en propre personne,
Votre voix le dit et le sonne;
Vous ne m'en ôterez jamais
L'idée.

PATELIN.

Eh bien! c'est fausse idée
Que je veux qui vous soit ôtée;
Laissez là cette opinion.
Serait-ce point Jean de Noyon?
Il me ressemble de corsage.

GUILLAUME.

Du tout, il n'a point au visage
Telle apparence de langueur,
Ni ces traits qui vont en longueur.
Il n'a point cet aspect si fade.
Ne vous laissai-je pas malade
Tout-à-l'heure, en votre maison ?

PATELIN.

Voilà bien une autre raison.
Malade ! Et quelle maladie ?
Votre raison est engourdie :
Cela paraît trop clairement.

GUILLAUME.

C'est vous, vous-même assurément ;
Vous, maître Pierre, pas un autre,
Ou Saint-Pierre n'est plus apôtre.
Ne niez pas, je le sais bien.
Convenez-en.

PATELIN.

                N'en croyez rien.
Jamais, non jamais de ma vie
Je n'ai pris aune ni demie.
Certes mon renom n'est pas tel.

GUILLAUME.

Je vais donc voir à votre hôtel
Si c'est là vraiment que vous êtes.
Nous ne dresserons plus nos crêtes
Ici, si je vous trouve là.

PATELIN.

Par Notre-Dame, c'est cela :
La chose ainsi sera certaine.

(Guillaume s'en va)

SCÈNE X.

PATELIN, THIBAUT.

PATELIN.

Dis, Aignelet.

THIBAUT.

Bé.

PATELIN.

Vien ça, vien,
Avons-nous pris assez de peine
A ta besogne? Avons-nous bien
Réussi?

THIBAUT.

Bé.

PATELIN.

Vois, ta partie
En fuite a quitté la partie,
Rien ne te force à dire bé.
Tu vois, notre homme est décampé :
L'ai-je mené de bonne sorte ?
Tu vois comme un bon conseil porte.

THIBAUT.

Bée.

PATELIN.

On n'entendra nullement,
Il est loin, parle hardiment.

THIBAUT.

Bée.

PATELIN.

Il est temps que je m'en aille.

THIBAUT.

Bé.

PATELIN.

Tu fis très-bien ton devoir,
Ne bougeant non plus que muraille :
La chose était fort bonne à voir,
Comme tu te tenais de rire.

THIBAUT.

Bée.

PATELIN.

Assez, il ne faut plus dire
Bé, paie-moi tout doucement.

THIBAUT.

Bé.

PATELIN.

Voyons, parle sagement.
Mon argent, et que je te quitte.

THIBAUT.

Bé.

PATELIN.

Bé! mon cher, paie-moi vite,
Je ne veux plus de bé moqueur.
Paie.

THIBAUT.

Bé.

PATELIN.

Fais-tu le railleur?
Tu paîras si tu ne t'envoles,
Par mon serment, tu me paîras ;
Je ne veux point de fariboles,
De l'argent.

THIBAUT.

Bé.

PATELIN.

Tu donneras.....

THIBAUT.

Bé.

PATELIN.

Quoi ! n'en aurai-je autre chose?

THIBAUT.

Bé.

PATELIN.

Tu fais le rimeur en prose.
Plus de ton bée, et paie-moi.
Sache à qui tu vends tes coquilles.
Plus de ce *bé* que tu babilles,
De l'argent : j'en aurai, ma foi '

THIBAUT.

Bé.

PATELIN.

Sera-ce là la monnaie
Dont il faudra que je me paie?

THIBAUT.

Bée.

PATELIN.

A qui te crois-tu jouer?
Quand je devrais me tant louer
De toi!... Fais donc que je m'en loue.

THIBAUT.

Bé.

PATELIN.

Pour lui ferai-je la moue?
Au diable! aurai-je tant vécu
Pour qu'un pâtre, un mouton vêtu,
Un sot, un maraud, une espèce,
Un vagabond me fasse pièce!

THIBAUT.

Bé.

PATELIN.

N'en aurai-je un autre mot?
Je deviendrais un maître sot.
Si tu ne prétends que t'ébattre,
Dis-le, je cesse de débattre,
Et viens souper à ma maison.

THIBAUT.

Bée.

PATELIN.

Oui vraiment, il a raison.
Sous les oisons l'oie ira paître.
Je me croyais si bien le maître
Des trompeurs des lieux d'alentour,
De tous maîtres faiseurs de tour,
De ceux qui paient en parole,

A rendre au jour du jugement !
Et qui me vient prendre mon rôle?
Un méchant berger peu savant,
Qui n'apprit rien de rien, me passe.
Par Saint-Jacques, que je trouvasse
En mon chemin un bon sergent,
Et tantôt je te ferais prendre,
Ou tu me rendrais mon argent.

THIBAUT.

Bée.

PATELIN.

Heu bé ! L'on me puisse pendre
Si je ne vais faire venir
Un bon sergent pour te saisir.
Gare à lui, s'il ne t'emprisonne.

THIBAUT.

S'il me trouve, je lui pardonne.

(Il se sauve Le rideau baisse)

OUVRAGES DE M. CHARLES DES GUERROIS,

En vente chez les mêmes Libraires :

Sous le Buisson, PREMIERS CHANTS, 1 volume in-12.

Marie-Nicolas Des Guerrois, sa Vie et ses Ouvrages In-8º.

Paysages de Champagne. 1 vol. in-12.

Pensées de l'Art et de la Vie. 1 vol. in-8º.

De la Causerie et des Causeurs littéraires aux dix-huitième et dix-neuvième siècles. 1 vol. petit in-18.

Mgr de Seguin des Hons, Notice, in-8º.

Sous presse :

Le Président BOUHIER, sa Vie, ses Ouvrages et sa Bibliothèque. 1 vol. in-8º.